शुरुआती लोगों के लिए IKIGAI

THE JAPANESE ANSWER TO FINDING
LONG LASTING INNER JOY,ADD
MEANING TO YOUR LIFE,CHANGE
YOUR LIFE AND FINDING PURPOSE

लंबे समय तक चलने वाली आंतरिक खुशी पाने का जापानी जवाब | अपने जीवन में अर्थ जोड़ें | अपना जीवन बदलें और

Copyright © Zaad George
All Rights Reserved.

This book has been self-published with all reasonable efforts taken to make the material error-free by the author. No part of this book shall be used, reproduced in any manner whatsoever without written permission from the author, except in the case of brief quotations embodied in critical articles and reviews.

The Author of this book is solely responsible and liable for its content including but not limited to the views, representations, descriptions, statements, information, opinions and references ["Content"]. The Content of this book shall not constitute or be construed or deemed to reflect the opinion or expression of the Publisher or Editor. Neither the Publisher nor Editor endorse or approve the Content of this book or guarantee the reliability, accuracy or completeness of the Content published herein and do not make any representations or warranties of any kind, express or implied, including but not limited to the implied warranties of merchantability, fitness for a particular purpose. The Publisher and Editor shall not be liable whatsoever for any errors, omissions, whether such errors or omissions result from negligence, accident, or any other cause or claims for loss or damages of any kind, including without limitation, indirect or consequential loss or damage arising out of use, inability to use, or about the reliability, accuracy or sufficiency of the information contained in this book.

Made with ♥ on the Notion Press Platform
www.notionpress.com

क्रम-सूची

सामग्री की तालिका	v
1. इकिगाई क्या है	1
2. Ikigai का आरेख	3
3. Ikigai के उदाहरण	7
4. कैसे Ikigai जीवन बदल सकता है	12
ली है।	23

सामग्री की तालिका

शुरुआती लोगों के लिए IKIGAI
   लंबे समय तक चलने वाली आंतरिक खुशी पाने का जापानी जवाब, अपने जीवन में अर्थ जोड़ें, अपना जीवन बदलें और उद्देश्य खोजें
   जाद जॉर्ज
   कॉपीराइट@2023

1
इकिगाई क्या है

हमारे छोटे नीले ग्रह पर रहना हमेशा आसान नहीं होता है। सुबह में, अपने आप को बिस्तर से उठने के लिए प्रेरित करना कठिन हो सकता है।

कुछ लोग जब भी जाते हैं अपने साथ खुशियां लेकर आते हैं।

उनका रहस्य क्या है?

मुझे सुखी और सफल जीवन की कुंजी कहां मिल सकती है?

आप कितनी बार यह विचार करने के लिए रुकते हैं कि आप जीवन से कितने संतुष्ट हैं? क्या साधारण चीजों में आपको खुश करने की शक्ति है? क्या आप अपने से बड़े किसी चीज़ में विश्वास करते हैं, कुछ ऐसा जो आपको कठिन समय में आगे बढ़ते रहने की ताकत देता है?

बधाई हो, अगर आपने इन सवालों का जवाब हां में दिया है तो आपके पास शायद पहले से ही एक ikigai है। यदि आपने इसे पहले से ही अपनी दिनचर्या में शामिल नहीं किया है, तो शायद आपको शुरू कर देना चाहिए।

नीचे हम जापानी और पश्चिमी दोनों दृष्टिकोणों से ikigai को परिभाषित करेंगे। अपने दैनिक जीवन में ikigai का उपयोग करने का तरीका जानें ताकि आप अधिक शांति, अर्थ और खुशी का अनुभव कर सकें।

कोई किस उद्देश्य से रहता है (इकिगई)?

जापानी शब्द ikigai (उच्चारण "ई-की-लड़का") किसी के जीवन में अर्थ और पूर्ति के स्रोतों को संदर्भित करता है।

यह पश्चिमी समाज में एक अपेक्षाकृत नई अवधारणा है, और इसे "खुशी की कुंजी" या "अंतहीन संतुष्टि का स्रोत" के रूप में वर्णित किया गया है। (हम समझाएंगे कि यह पूरी तरह से सच क्यों नहीं है।)

जापानी शब्द ikigai में "जीवन," "iki," और "काई" के वर्ण शामिल हैं, जो सभी "प्रभाव, परिणाम, मूल्य, लाभ या मूल्य" को दर्शाते हैं। इकी और काई मिलकर हमें इकिगाई, या जीवन का एक अर्थ प्रदान करते हैं।

(यदि आप सोच रहे हैं कि "के" एक "जी" क्यों बन जाता है, तो इस घटना को जापानी में "रेंडाकू" कहा जाता है। उदाहरण के लिए, काई में "के" गाई में एक आवाज "जी" बन जाता है जब यह शुरुआत में आता है। जापानी में एक यौगिक का।

जापानी लोग लंबे समय से इकिगई की धारणा से परिचित हैं, लेकिन जब तक मनोचिकित्सक मीको कामिया ने अपनी 1966 की पुस्तक इकिगई नी त्सुइट - (- जीवन के अर्थ पर) में इसे लोकप्रिय नहीं किया, तब तक यह शब्द वास्तव में जापान के बाहर शुरू हुआ।

"इकिगई" शब्द पहली बार कब सामने आया और इसकी उत्पत्ति की कहानी क्या है?

शब्द "इकिगई" हियान युग (794 से 1185) के आसपास रहा है। प्रोफेसर अकिहिरो हसेगावा ने इकिगई के बारे में शोध करने और लिखने के लिए काफी समय और ऊर्जा समर्पित की है।

उनके अनुसार, काई शेल (काई) या शंख के लिए जापानी शब्द से लिया गया है। हियान युग के कारीगरों के लिए हाथ से शंखों को रंगना आम बात थी, जिससे उनके मूल्य में काफी वृद्धि हुई। चूँकि केवल धनी लोग ही इन आश्चर्यजनक गोले को प्राप्त कर सकते थे, काई शब्द मूल्य, मूल्य, लाभ आदि के लिए एक शाब्दिक पर्याय बन गया।

2
IKIGAI का आरेख

हाल के वर्षों में आला ब्लॉगों से लेकर बीबीसी तक विभिन्न प्रकार के ऑनलाइन प्रकाशनों में "इकिगई इज द जापानी की टू हैप्पीनेस" या "फाइंडिंग योर इकिगई" जैसे शीर्षक वाले लेखों का प्रसार देखा गया है। इकिगई की अवधारणा को अक्सर पश्चिम में गलत समझा जाता है, जहां इसे कभी-कभी "अपना उद्देश्य खोजने" के बारे में एक विशेष वेन आरेख के साथ जोड़ दिया जाता है।

Ikigai पश्चिमी अर्थ में, जैसा कि मार्क विन्न ने लोकप्रिय किया

डायग्राम बनाने वाले चार इंटरलॉकिंग सर्कल हैं। प्रत्येक वृत्त में एक प्रश्न होता है, और सभी प्रश्नों के उत्तर व्यक्ति के जीवन के कार्य के विवरण को जोड़ते हैं। यह माना जाता है कि प्रत्येक पूछताछ पर सावधानीपूर्वक विचार करने से, व्यक्ति उनकी इकिगई या जीवन की पुकार को खोज सकता है।

चार प्रश्न इस बात की जाँच करते हैं कि अब आप निम्नलिखित गतिविधियों में संलग्न हैं या नहीं:

जिसे आप सबसे ज्यादा संजोते हैं

कुछ ऐसा जिसकी पूरे ग्रह को आवश्यकता हो सकती है

कुछ आप में उत्कृष्टता प्राप्त करते हैं, और कुछ जिसके लिए आपको मुआवजा दिया जा सकता है

2011 में स्पेनिश ज्योतिषी एंड्रेस ज़ुज़ुनागा द्वारा विकसित एक उद्देश्य-खोज दृष्टिकोण के साथ ikigai विचार को फ़्यूज़ करके, व्यवसायी मार्क विन्न ने ग्राफिक को लोकप्रिय बनाया। यह वायरल हो गया, अंग्रेजी बोलने वाले देशों में ikigai की जाने-माने परिभाषा के रूप में इस्तेमाल किया जाने लगा, और एक मेम बन गया। (निकोलस केम्प को इकिगई के बारे में आम गलतफहमियों के विकास का दस्तावेजीकरण करने का श्रेय दिया जाना चाहिए।)

यद्यपि उद्देश्य आरेख व्यक्तियों को बेहतर कार्य-जीवन संतुलन प्राप्त करने में मदद करने में उपयोगी हो सकता है, इसे सामान्य जीवन मार्गदर्शन के बजाय पेशेवर मार्गदर्शन के रूप में देखा जाता है। ikigai की जापानी धारणा जैसा कुछ भी इसमें नहीं पाया जा सकता। जो लोग ऑनलाइन ग्राफ़िक देखते हैं उन्हें विश्वास हो सकता है कि यह ikigai का एकमात्र मार्ग है और, विस्तार से, वास्तविक खुशी।

ikigai इस तरह काम नहीं करता है, क्योंकि यह सुझाव देता है कि यदि आपको इसके लिए मुआवजा नहीं दिया जा रहा है तो आप अपने काम में पूर्णता नहीं पा सकते हैं।

इसके अलावा, जब हम इस पर काम कर रहे हैं, आइए सीधे भौगोलिक गलतफहमी पर रिकॉर्ड सेट करें।

ओकिनावान शताब्दी के लोगों के बीच कोई ikigai-रहस्य छिपा नहीं है। दरअसल, ओकिनावा (जापान का सबसे दक्षिणी प्रान्त) में अप्रत्याशित रूप से उच्च जीवन प्रत्याशा है, लेकिन यह जापान के कई अन्य स्थानों के लिए भी सच है। हेक्टर गार्का और फ्रांसेस्क मिरालेस, "इकिगई: द जापानी सीक्रेट टू ए लॉन्ग एंड गुड लाइफ" के लेखक, ने जीवन पर उनके मार्गदर्शक सिद्धांतों के बारे में जानने के लिए 100 से अधिक उम्र के ओकिनावांस के एक समूह के साथ गहन साक्षात्कार किए। फिर भी, यह अनपेक्षित है ओकिनावा को इकिगई की निर्विवाद राजधानी बनाने का परिणाम।

अपने शोध के आधार पर, प्रोफेसर हसेगावा ने निष्कर्ष निकाला कि भौगोलिक स्थिति का किसी व्यक्ति की इकिगई पर बहुत कम प्रभाव पड़ता है। इसके बजाय, यह इस बारे में है कि लोग अपने स्वयं

के सामाजिक आचरण और समाज में उनके द्वारा निभाई जाने वाली भूमिकाओं को कैसे देखते हैं।

जापानी शब्द ikigai का वास्तविक महत्व

जापानी संस्कृति में ikigai के महत्व के बावजूद, कुछ जापानी लोग खुद से उपरोक्त प्रश्न पूछना बंद कर देते हैं। शब्द का मूल उपयोग कम असाधारण है। फिर भी, ikigai जीवन में छोटी चीजों के बारे में अधिक है, वे अद्भुत क्षण जिनकी आप सराहना करते हैं और अपनी खुशी खिलाते हैं।

प्रो हसेगावा सुझाव देते हैं कि इस गलतफहमी के लिए भाषा बाधा दोष हो सकती है। "एक लंबे और सुखी जीवन के लिए जापानी रहस्य" के रूप में अपनी प्रतिष्ठा के बावजूद, इकिगई एक औसत दर्जे का और न ही एक निश्चित अवधारणा है। जापानी क्रिया ikiru (जीने के लिए) अंग्रेजी शब्द iki (जीने के लिए) का स्रोत है। जापानी शब्द (जिंसी) का प्रयोग तब किया जाता है जब किसी व्यक्ति के पूरे जीवन काल की व्यापक अर्थ में चर्चा की जाती है।

निकोलस केम्प द्वारा इसे रखने का एक और अधिक सटीक तरीका प्रस्तावित किया गया था: "वह मूल्य जो दिन-प्रतिदिन के अस्तित्व में मिलता है।"

जीवन को अर्थ और उद्देश्य क्या देता है; आपको ikigai क्या देता है

मीको कामिया ने न केवल जापान में ikigai की अवधारणा के प्रसार में योगदान दिया। उसके अध्ययन का उपयोग करते हुए, कई शिक्षाविदों (प्रोफेसर हसेगावा सहित) ने इकिगई को परिभाषित करने का प्रयास किया है।

कामिया ने पाया कि अधिकांश लोगों की इकिगई एक ही बल या लक्ष्य की ओर निर्देशित होती है। यह अतीत, वर्तमान या भविष्य से जुड़ा हो सकता है और कई चीजें हो सकती हैं, जैसे:

अपने पसंदीदा शगल, परिवार, दोस्तों और सामाजिक भूमिका के माध्यम से अपनी याददाश्त और स्वास्थ्य में सुधार करते हुए आगामी घटनाओं का अभ्यास करें

कल्पना

किसी व्यक्ति की इकिगई इनमें से किसी के द्वारा भी ईंधन भर सकती है, जो बदले में उन्हें सुखद भावनाओं की एक विस्तृत श्रृंखला ला सकती है:

अपने स्वयं के मूल्य की समझ और उद्देश्य की भावना के साथ पूर्ण जीवन जीने की इच्छा और ऐसा करने के लिए ड्राइव स्वायत्तता की भावना और स्वयं पर नियंत्रण

ऐसी संवेदनाओं को इकिगई-कान कहा जाता है। पश्चिम में हममें से कई लोगों के पास तुलनात्मक प्रेरणाएँ हैं, हालाँकि हम उन्हें हमेशा अपने आप में नहीं पहचानते हैं। अपने ikigai के साथ जुड़कर, जापानी लोग अपने व्यस्त जीवन के बीच में अर्थ खोजने में सक्षम होते हैं और विपरीत परिस्थितियों में अपने लचीलेपन को बनाए रखते हैं। कई जापानी लोगों की स्व-परिभाषित इकिगई उनकी प्रसिद्ध सहनशक्ति, आत्म-नियंत्रण और संकल्प का स्रोत हो सकती है।

3
IKIGAI के उदाहरण

यह जानकर, कुछ शानदार ikigai उदाहरणों के बारे में सोचना आसान है, जो भव्य से लेकर मामूली तक हो सकते हैं।

उस अकेली माँ पर विचार करें जो अपने परिवार का भरण-पोषण करने के लिए एक नहीं बल्कि दो नौकरियाँ रखती है। अपने बच्चों की देखभाल करना, उन्हें विकसित होते देखना और उन्हें खुश करना मुश्किल समय में उन्हें आगे बढ़ने के लिए पर्याप्त है। उसकी ikigai अपने बच्चों की परवरिश कर रही है, जो एक ऐसी दुनिया में उसे उद्देश्य और खुशी देते हैं जब सब कुछ तनावपूर्ण और अनिश्चित होता है।

अपने विद्यार्थियों को सफल होते देखने की एक शिक्षक की इच्छा की तुलना उस युवा छात्र से की जा सकती है जो कठिन अध्ययन करने और अपने सपनों का करियर पाने के लिए दृढ़ संकल्पित है। एक दादी की इकिगाई उसके स्वास्थ्य को बनाए रखने या अपने पोते-पोतियों के पास नियमित रूप से जाने के लिए उतनी ही सरल हो सकती है।

जबकि आपकी ikigai और आपकी नौकरी साथ-साथ चल सकती है, आपको यह ध्यान रखना चाहिए कि दो अवधारणाएँ हमेशा वित्तीय सफलता से संबंधित नहीं होती हैं। वेन आरेख इसके लिए खाता बनाने में विफल रहता है। यहां तक कि आनंद और संतुष्टि के सबसे छोटे स्रोत भी आपके ikigai को महत्वपूर्ण बढ़ावा दे सकते हैं, जैसा कि हमने पहले चर्चा की है

मैं अपनी इकिगई को कहां ढूंढूं?

कम से कम न्यूरोलॉजिस्ट केन मोगी के अनुसार, ikigai कोई गुप्त सूत्र या आकर्षक तरीका नहीं है जो किसी के जीवन को सार्थक और सार्थक बना सके। शब्दावली में फंसने के बजाय, वह सोचता है कि अच्छाई पर ध्यान केंद्रित करना बेहतर है जिसे ikigai पूरा कर सकता है और यह पता लगा सकता है कि इसका अधिक उत्पादन कैसे किया जाए।

किसी की इकिगई कुछ भी हो सकती है जो उन्हें खुश करती है और उन्हें चलते रहने के लिए प्रेरित करती है।

सबसे पहले, बच्चे के कदम उठाना महत्वपूर्ण है।

इकिगई, कोडावरी का पहला सिद्धांत, "प्रतिबद्धता" (कोड़ा) की जापानी अवधारणा से दृढ़ता से जुड़ा हुआ है। सीधे शब्दों में कहा जाए तो कोडवरी अपने चुने हुए प्रयास के क्षेत्र में उत्कृष्टता के लिए कभी न खत्म होने वाली खोज है। चूँकि वे मानते हैं कि पूर्णता अप्राप्य है, कई जापानी किसी भी तरह दक्षता और रचनात्मकता के उच्चतम स्तर के लिए प्रयास करते हैं।

जापानी लोग जो ikigai का अभ्यास करते हैं, वे जो भी काम कर रहे हैं, उसके लिए अपना सब कुछ दे देंगे, चाहे उनके पास कितना भी पैसा या समय क्यों न हो। वे धैर्यवान हैं और उत्कृष्टता प्राप्त करने के लिए आवश्यक धीमी प्रगति को स्वीकार करते हैं।

अपने परिश्रम, धैर्य और विस्तार पर ध्यान देने के कारण, जापानी छोटी से छोटी चीजों में भी आनंद लेने में सक्षम होते हैं, जैसे कि सुबह कॉफी का पहला स्वाद, एक बच्चे की हंसी, या टोनकोत्सु रेमन वेफ्टिंग की तीखी सुगंध टोक्यो की सड़कों पर हवा के माध्यम से।

दूसरा, बंधनों को जाने दो

मोगी कहते हैं कि आत्म-स्वीकृति ikigai का दूसरा स्तंभ है। वह सोचता है कि हर कोई अपने व्यक्तित्व को दिखाने के द्वारा तृप्ति पा सकता है, क्योंकि विविधता प्रकृति की सबसे आकर्षक विशेषताओं में से एक है।

इकिगई अवधारणा के केंद्र में जापानी कहावत जूनिन टोइरो () है, जिसे वह "दस अलग-अलग व्यक्तियों के लिए 10 अलग-अलग रंगों" के रूप में व्याख्या करता है।

"आप अपनी इकिगाई का पीछा करते समय जितने चाहें उतने वास्तविक हो सकते हैं। क्योंकि हम सभी एक ही रंग के थोड़े अलग रंग हैं, यह केवल उचित है कि आपको आप होना चाहिए।"

एक समाजवादी समाज होने के बावजूद, जापानी चरित्र, भावना और अभिव्यक्ति की वैयक्तिकता पर एक प्रीमियम रखते हैं।

3. अपने दैनिक जीवन में शांति और पारिस्थितिक स्थिरता के लिए प्रयास करें

शांति और दीर्घकालिक व्यवहार्यता तीसरी आधारशिला है। हालाँकि जीवन में अपने मार्ग का अनुसरण करना महत्वपूर्ण है, आपको लोगों और ग्रह के दीर्घकालिक स्वास्थ्य को भी ध्यान में रखना चाहिए।

इकिगाई, जैसा कि आप देख सकते हैं, एक प्रेरक शक्ति है जो आपको आगे बढ़ाती है; यह आपको उठने और घर को साफ करने की ऊर्जा देता है, भले ही आप बिस्तर पर हों। जब आपके पास घर पर रहने और पूरे दिन वीडियो गेम खेलने का विकल्प होता है, तो यह प्रेरणा आपको काम पर जाने के लिए मजबूर करती है, और ऐसा करने में खुशी मिलती है। इसके अलावा ikigai के लिए अपने आस-पास के समुदाय, प्राकृतिक दुनिया और बड़े सामाजिक व्यवस्था के साथ संतुलन और सद्भाव की भावना महत्वपूर्ण है।

एक पश्चिमी दिमाग के लिए, सद्भाव एक मायावी आदर्श की तरह लग सकता है। हम अत्यधिक प्रतिस्पर्धी सेटिंग्स में काम करते हैं, आखिरकार, जहां स्थापित शक्ति संरचनाएं और पदानुक्रम आदर्श हैं। जब हम अपनी व्यक्तिगत चिंताओं और चाहतों से भस्म हो जाते हैं, तो पीछे हटना और बड़ी तस्वीर लेना मुश्किल होता है। कभी-कभी बड़ी तस्वीर देखना मुश्किल होता है और यह हतोत्साहित करने वाला हो सकता है।

कुंजी जीवन में छोटी चीजों की सराहना करना है

अधिकांश जापानी व्यक्तियों के लिए, ikigai का उनके नियमित पेशे से बहुत कम लेना-देना है, इसके विपरीत जो पश्चिम में हम में से अधिकांश मानते हैं। कार्यस्थल आजकल इतना कर देने वाला, खाली करने वाला और प्रेरणा से रहित हो सकता है कि कर्मचारी कार्यालय के बाहर अपने जीवन में अर्थ की तलाश करते हैं। जापानी नौसिखियों का देश हैं जिन्होंने सांसारिक कला की प्रशंसा को एक कला के रूप में बढ़ाया है।

क्या होगा अगर आपका दिन का काम व्यवसाय में है लेकिन आपका असली पेशा मिट्टी के बर्तन बनाना है? आप अभी भी स्टूडियो में समय बिताते हैं, भले ही आप जानते हैं कि आप इस सप्ताह एक फूलदान पर केवल $10 का लाभ कमाएंगे। आप पा सकते हैं कि सौदा बंद करना आपकी इकिगाई को कई दिनों तक बनाए रखने के लिए पर्याप्त है। इसके विपरीत, यदि आप बिक्री के बारे में चिंतित नहीं हैं, तो यह रचनात्मक प्रक्रिया का परिणाम हो सकता है।

$$$

मोगी बड़ी संख्या में ऐसे व्यक्तियों का हवाला देते हैं जो कॉमिकेटो (- कॉमिक मार्केट) में अपना खुद का मंगा बनाते और बेचते हैं। यह कुछ हद तक लाभदायक हो सकता है, लेकिन ज्यादातर लोगों के लिए यह सिर्फ एक मजेदार शगल है।

5. वर्तमान क्षण पर ध्यान दें

यदि आपने कभी पूर्वी विचारों का अध्ययन किया है, तो आप इस विचार से परिचित होंगे। वर्तमान क्षण में रहने से आप अधिक तनावमुक्त और सहज हो जाते हैं। यह चौथा स्तंभ, मोगी के विचार में, आश्चर्य और विस्मय की भावना को पुनः प्राप्त करने के बारे में है, प्रत्येक बीतते क्षण में आश्चर्य को देखना सीखने के बारे में है।

चूंकि वे अतीत या भविष्य के बारे में ज्यादा चिंता नहीं करते हैं, वे बताते हैं, बच्चे हमेशा खुश रहते हैं। उन्हें केवल उन नई भावनाओं और अनुभवों के लिए खुद को खोलने की जरूरत है जो यहां और अभी उनकी प्रतीक्षा कर रहे हैं।

अधिक युवा रवैया अपनाने से गहरा प्रभाव पड़ सकता है। हमें अपने वित्त, अपनी सामाजिक प्रतिष्ठा, या अध्ययन करने, खेलने, या मुक्त और रचनात्मक होने की हमारी क्षमता के बारे में बहुत अधिक तनाव देने की आवश्यकता नहीं है।

सीधे शब्दों में कहा जाए तो इकिगई है

ikigai का अनुभव करने का मतलब यह है कि गहरे, आंतरिक स्तर पर आपको क्या खुशी मिलती है। छोटी-छोटी चीजें ढूंढना जो आपको खुश करती हैं, यही जीवन है। आपको कुछ अविश्वसनीय सत्य की खोज करने की आवश्यकता नहीं है जो आपके जीवन को तुरंत रोशन कर दे और आपको दिशा दे।

आराम करें और अपने आस-पास के परिवेश में ले जाएं। कोशिश करें कि चीजों को ज्यादा न सोचें और इसके बजाय मददगार और आत्मनिरीक्षण करने पर ध्यान दें। अधिक परिपूर्ण अस्तित्व का रहस्य इसी में निहित है।

4

कैसे IKIGAI जीवन बदल सकता है

कोई किस उद्देश्य से रहता है (इकिगई)? यह कुछ ऐसा हो सकता है जिस पर आपने पहले कभी विचार नहीं किया हो। आपकी तरह, मैंने यह पता लगाने से पहले कई अलग-अलग क्षेत्रों में दबोच लिया कि मेरे जीवन का सच्चा उद्देश्य और पूर्ति क्या है - जिसे मैं अपना "इकिगई" (ई-की-लड़का) कहता हूं।

इकिगई () की प्राचीन जापानी अवधारणा जापानी संस्कृति और समाज के हर पहलू में व्याप्त है। कुछ इसे अपनी संतुष्टि और दीर्घायु का मुख्य कारक भी मानते हैं। यह आश्चर्य की बात नहीं है कि यह पश्चिम में आत्म-अन्वेषण का मानक तरीका बन गया है।

हम यहाँ ikigai के इतिहास, महत्व और परिभाषा के बारे में जानेंगे। आपके ikigai को खोजने के लिए आवश्यक आंतरिक प्रयास, साथ ही साथ रास्ते में बचने के लिए नुकसान को कवर किया जाएगा।

जब पूछा गया, "इकिगाई का क्या अर्थ है?"

जापानी शब्द ikigai किसी के "जीवन के उद्देश्य" को संदर्भित करता है। जापानी में, iki "जीवन" को दर्शाता है, जबकि gai का अर्थ "मूल्य" या "मूल्य" है। अपनी इकिगाई का अनुसरण करना अपने आनंद का अनुसरण करना है। यह वह चीज है जो आपको खुश करती है और

आपको उठकर दिन का सामना करने के लिए प्रेरित करती है।

यह ध्यान देने योग्य है कि हालांकि इकिगई को अक्सर पश्चिमी व्याख्या में किसी के आदर्श व्यवसाय की खोज के साधन के रूप में देखा जाता है, पारंपरिक जापानी दर्शन में इसे किसी के आनंद की खोज के साधन के रूप में नियोजित किया जाता है।

ikigai की आधुनिक व्याख्या के अनुसार, कार्यस्थल में सफलता के लिए चार प्रमुख अवयवों की आवश्यकता होती है:

आपका जुनून

आप इसे करके कितना पैसा कमा सकते हैं

दुनिया की जरूरत के लिए जरूरी है

यह ikigai आरेख चार आपस में जुड़ी विशेषताओं को उजागर करके इस विचार को दिखाता है:

आपकी ikigai वेन आरेख बनाने वाले चार मंडलियों के चौराहे पर स्थित है।

इकिगाई कितनी महत्वपूर्ण है?

जापान में महिलाएं औसतन 88.09 साल जीने की उम्मीद कर सकती हैं, जबकि देश में पुरुष औसतन 81.91 साल जीने की उम्मीद कर सकते हैं, जिससे जापान विश्व स्तर पर जीवन प्रत्याशा के मामले में दूसरे स्थान पर है। यद्यपि पोषण निश्चित रूप से योगदान देता है, कई जापानी भी ikigai को लंबे समय तक जीने में मदद करने का श्रेय देते हैं, जीवन को पूरा करते हैं।

अपने ikigai को जानने से केवल एक लंबे, सुखी जीवन से परे लाभ हैं I

कार्यस्थल पर अपनी संपूर्ण दिनचर्या की योजना बनाएं।

अपने सहकर्मियों के साथ ठोस संबंध बनाएं।

एक अच्छा कार्य-जीवन संतुलन बनाए रखने पर ध्यान दें।

अपने पेशेवर लक्ष्यों को हकीकत बनाएं।

आप जो कर रहे हैं उसका आनंद लें।

जब आप अपनी ikigai को खोजते हैं और उसे गले लगाते हैं, तो आप वह काम कर रहे होंगे जो आप करने के लिए बने थे, जिसकी दुनिया को

सख्त जरूरत है।

इकिगई की लोकप्रियता में वृद्धि के लिए कौन या क्या जिम्मेदार है, और यह वहां कैसे पहुंचा?

हियान युग (794 से 1185 सीई तक) वह समय है जब इकिगई की जापानी अवधारणा पहली बार विकसित हुई थी।

ओकिनावा एक दक्षिणी जापानी द्वीप है। ओकिनावा दुनिया की सबसे बड़ी शताब्दी के लोगों का घर है, और इकिगई की अवधारणा ओकिनावान समाज के लिए केंद्रीय है।

हालाँकि, यह जापानी रहस्य वरिष्ठ आबादी तक ही सीमित नहीं है। यह केवल जापान में ही नहीं, बल्कि पूरी दुनिया में युवा लोगों को आकर्षित कर रहा है, जो अपने करियर में अधिक पूर्णता की तलाश में हैं।

ये आपकी ikigai खोजने के तीन चरण हैं:

अपनी ikigai को खोजने के लिए नीचे दी गई तीन सबसे महत्वपूर्ण चीज़ें सूचीबद्ध हैं:

अपने ikigai की खोज में पहला कदम अपने बारे में कुछ सवालों के जवाब देना है।

आपके जुनून कहाँ झूठ बोलते हैं?

यदि आपके पास अभी नौकरी है:

क्या अब आपका पूरा ध्यान अपने काम पर लगा हुआ है?

क्या कार्य दिवस को समाप्त करने की संभावना से अधिक आकर्षक शुरुआत की संभावना है?

जब आप अपने परिश्रम का फल देखते हैं तो क्या आपको कुछ महसूस होता है?

जो रचनात्मक गतिविधियों में संलग्न हैं

क्या आप कुछ ऐसा करते हैं या करते हैं जिसे आप करना बंद नहीं कर सकते?

क्या आप किसी और चीज की तुलना में अपने जुनून या कौशल की खोज से अधिक रोमांचित हो जाते हैं?

क्या आपके द्वारा बनाई गई चीजों से आपका गहरा संबंध है?

आपकी ताकत किस हद तक प्रकट होती है?

यदि आपके पास अभी नौकरी है:

क्या लोग आपके पास आपके पेशे से जुड़े मामलों पर मार्गदर्शन के लिए आते हैं?

क्या आप काम पर कुछ ऐसा करते हैं जो आपको विशेष रूप से सरल या स्वाभाविक लगता है?

क्या आपकी विशेषज्ञता का स्तर उच्चतम संभव है?

क्या आप खुद को अपने क्षेत्र में विशेषज्ञ बनने के लिए / बनने की इच्छा रखते हैं?

जो रचनात्मक गतिविधियों में संलग्न हैं

क्या आपको अपनी रचनात्मक गतिविधियों पर सकारात्मक प्रतिक्रिया मिलती है?

क्या आप पाते हैं कि आप स्वाभाविक रूप से अपने शगल या शिल्प में उत्कृष्टता प्राप्त करते हैं?

क्या आपके पास अपने क्षेत्र में शीर्ष विशेषज्ञ के रूप में प्रतिष्ठा है?

क्या आप अपनी रुचि के चुने हुए क्षेत्र में निपुणता के उस स्तर तक पहुँच गए हैं जो आप चाहते हैं?

तीसरा, ग्लोब की क्या आवश्यकता है?

यदि आपके पास अभी नौकरी है:

आपकी सेवाओं में ग्राहकों की कितनी रुचि है?

अब से एक साल, 10 साल और 100 साल में अपने काम के बारे में सोचें; क्या यह अभी भी प्रासंगिक होगा?

क्या यह समाज, अर्थव्यवस्था या प्राकृतिक दुनिया की समस्या का समाधान है?

जो रचनात्मक गतिविधियों में संलग्न हैं

क्या आप जो करना चाहते हैं उसके लिए कोई महत्वपूर्ण मांग है?

आपकी रुचि कितनी टिकाऊ है?

क्या आपको लगता है कि आप जो चीजें बनाते हैं या मजे के लिए करते हैं, वे लोगों या ग्रह की मदद कर रहे हैं?

आपको किस हद तक मुआवजा दिया जा सकता है?

यदि आपके पास अभी नौकरी है:

$$$

क्या अन्य व्यक्तियों को आपके समान कार्यों के लिए मुआवजा मिलता है?

क्या आप/क्या आप अभी जो करते हैं उससे आराम से अपना समर्थन कर सकते हैं/करेंगे?

क्या प्रतिस्पर्धी बाजार को बनाए रखने के लिए आपकी सेवाओं की पर्याप्त मांग है?

जो रचनात्मक गतिविधियों में संलग्न हैं

क्या यह शगल है जिससे किसी ने जीविकोपार्जन किया है?

क्या आपके समुदाय के लोगों ने आपके द्वारा बनाई गई सामग्री को खरीदने में रुचि दिखाई है?

क्या प्रतिस्पर्धी बाजार को बनाए रखने के लिए आपके उत्पाद की पर्याप्त मांग है?

यदि आपने "यदि आप वर्तमान में काम कर रहे हैं" के अंतर्गत प्रत्येक प्रश्न के लिए "हाँ" पर सही का निशान लगा दिया है, तो आप जो कर रहे हैं उसे करते रहें!

यदि आपने "क्या आपका कोई शौक या शिल्प है" खंड में प्रत्येक प्रश्न का उत्तर "हां" में दिया है तो यह आपके लिए बहुत अच्छा है! आप जो प्यार करते हैं उसे करते हुए जीविकोपार्जन करना संभव है। दूसरे चरण पर जाएँ।

क्या होगा अगर आपने इन सभी सवालों के लिए नहीं कहा?

हिम्मत मत हारो; आपकी ikigai की खोज के बारे में अतिरिक्त सलाह अगले भाग में आपकी प्रतीक्षा कर रही है।

चरण 2: अपने ikigai को खोजने के लिए विचारों के साथ आएं।

अपने संपूर्ण दिन के बारे में विस्तार से सोचें। मैं आपसे वादा करता हूँ, यह आपकी ikigai को अनलॉक करने और आपके जीवन के उद्देश्य की खोज करने की कुंजी है। तो बताओ, आज तुम क्या पहन रहे हो? दूसरे शब्दों में, आप किससे बात कर रहे हैं? ऐसा कैसे? आप कैसा महसूस करते हैं, इस पर ध्यान दें। उस समय का वर्णन करें जब आपने अपने

करियर में बहुत निपुण महसूस किया हो।

अपने विज़ुअलाइज़ेशन को रिकॉर्ड करना याद रखें जब आप उनके साथ काम कर लें, या जब आप उन्हें बना रहे हों तो ऐसा करें।

उन प्रश्नों की समीक्षा करें जिन्हें आपने अगले के लिए "नहीं" चुना है। मिशन संरेखण में बड़े सुधार लाने वाले ट्वीक्स के लिए विचारों को लिखने के लिए समय निकालना प्रयास के लायक है। ऐसा रास्ता चुनें जो आपके जुनून, कौशल, दूसरों की ज़रूरतों और जीविकोपार्जन की क्षमता को जोड़ता हो।

उदाहरण के लिए, क्या आपने "नहीं" प्रश्न का उत्तर दिया "क्या आप अपने काम के परिणामों में व्यक्तिगत रूप से निवेशित महसूस करते हैं?" हो सकता है कि आप कार्यस्थल पर प्रबंधकीय पद के लिए आवेदन करना चाहते हों या आप ग्राहकों से व्यक्तिगत रूप से मिलना पसंद करते हों।

इस समय को यह पता लगाने में लगाएं कि आप अपने मूल में कौन हैं—आपकी इकिगाई।

ध्यान रखें कि इस दौरान कुछ अनिश्चितता, चिंता या नकारात्मक सोच का होना स्वाभाविक है। भविष्य के अज्ञात का सामना करना एक कठिन काम हो सकता है। कुंजी यह है कि आपकी चिंताओं और शंकाओं को कोई महत्व न दिया जाए। जितना आप खुद को श्रेय देते हैं, उससे कहीं अधिक लचीलापन और धैर्य आपके पास है।

तीसरा, ikigai के बारे में जानें और इसे कैसे पहचानें।

आपके संपूर्ण कार्यदिवस की एक मानसिक छवि आपके दिमाग में बन गई है। यह कुछ औपचारिक शिक्षा प्राप्त करने के बारे में सोचने का समय है, चाहे अध्ययन के माध्यम से, पढ़ना, पाठ्यक्रम में भाग लेना या किसी संरक्षक के साथ काम करना। यह चेकपॉइंट बता सकता है कि आपके आदर्श यथार्थवादी हैं या नहीं।

शायद आप एक पेशेवर वेडिंग फोटोग्राफर बनने की सोच रहे हैं। एक अनुभवी वेडिंग फ़ोटोग्राफ़र से रस्सियों को सीखने के बाद, आप तय करते हैं कि करियर आपके लिए नहीं है।

एक और संभावना यह है कि आपने एंटीक कपड़ों की बिक्री पर शोध किया था, लेकिन काम के बोझ के कारण अंततः इसके खिलाफ फैसला किया।

यदि इस अभ्यास से गुजरने के बाद, आपको पता चलता है कि आपका आदर्श भविष्य आपकी वर्तमान वास्तविकता से मेल खाता है, तो ऐसा लगता है जैसे आपने अपनी इकिगाई खोज ली है। कृपया इसे लागू करने का तरीका जानने के लिए पढ़ना जारी रखें।

यदि बाद वाला मामला है, तो चिंता न करें; अपनी ikigai की खोज करना एक प्रक्रिया है जिसमें कुछ समय लग सकता है।

अपने ikigai को खोजने के लिए, विभिन्न प्रकार के व्यवसायों, मनोरंजन, और/या गतिविधियों के साथ चरण एक से तीन का प्रयास करें। यदि आप अभी भी इसे नहीं ढूंढ पा रहे हैं, तो कई तरह की नौकरियों और/या शिल्प के साथ खेलने की कोशिश करें।

इससे कोई फर्क नहीं पड़ता कि आप कोड करना सीखना चुनते हैं, रीडिंग क्लब में शामिल हों, लोगो बनाएं या केक बेक करें। जब तक आपको पता नहीं चलता कि आपके लिए क्या काम करता है, तब तक अलग-अलग चीजों को आजमाना महत्वपूर्ण है।

अपनी ikigai की खोज इस बात की गारंटी नहीं है कि आप अपने चुने हुए पेशे के हर हिस्से को पसंद करेंगे। यह खामियों को नजरअंदाज करने और संपूर्ण को गले लगाने की तत्परता का संकेत देता है। ऐसा इसलिए है क्योंकि आपको एक ऐसा पेशा मिल गया है जहाँ आपके जुनून, कौशल और दुनिया की ज़रूरतें सभी एक साथ मिलती हैं।

अपनी ikigai का पता लगाने के बाद, इसे जीवंत करने का तरीका यहां बताया गया है:

अपनी इकिगई कैसे खोजें: 4 आसान चरण

सबसे पहले, कुछ मध्यवर्ती लक्ष्य निर्धारित करें।

अब जब आपके पास आगे बढ़ने के बारे में कुछ विचार हैं, तो आप प्राप्त करने योग्य वार्षिक लक्ष्य निर्धारित करने के लिए उस जानकारी का उपयोग कर सकते हैं। अपनी नौकरी का शीर्षक प्रबंधक में बदलें, एक नए कार्यालय में स्थानांतरित करें, या एक वेब डिज़ाइन कंपनी शुरू करें,

ये सभी व्यवहार्य विकल्प हैं।

अपने वार्षिक उद्देश्यों को निर्धारित करने के बाद, उन्हें प्रबंधनीय मासिक उद्देश्यों में तोड़ दें। चाल अपने अंतिम उद्देश्य की ओर बढ़ते हुए काम करना है।

यदि आपका वार्षिक उद्देश्य प्रबंधक के रूप में पदोन्नत होना है, तो हर महीने आपको उस दिशा में काम करना चाहिए। कुछ उदाहरणों में जिला प्रबंधक के साथ अपने अगले कदमों की योजना बनाने के लिए समय निर्धारित करना, नेतृत्व पाठ्यक्रम में नामांकन करना और दैनिक आधार पर अधिक कार्य करना शामिल है।

चरण 2: इसके लिए एक रणनीति विकसित करें

दूसरे, आपको अपने मासिक उद्देश्यों को साप्ताहिक (या यहां तक कि दैनिक) लक्ष्यों में तोड़ देना चाहिए।

आपका पहला साप्ताहिक उद्देश्य विश्वसनीय प्रशिक्षण कार्यक्रम खोजना हो सकता है यदि आपका मासिक उद्देश्य नेतृत्व विकास प्रशिक्षण में भाग लेना है। संभावित मेंटर्स के साथ साप्ताहिक ज़ूम सत्र आयोजित करना एक महान दूसरा साप्ताहिक उद्देश्य है।

अपने दीर्घकालिक और अल्पकालिक दोनों उद्देश्यों की दिशा में अपनी प्रगति का ट्रैक रखने के लिए एक चार्ट, कैलेंडर या नोटपैड का उपयोग करें।

जब तक आपकी योजनाएँ एक ही स्थान पर हैं और आप उन्हें आसानी से एक्सेस कर सकते हैं, तब तक आपको ठीक होना चाहिए।

यदि आप अपनी योजना खोने के बारे में चिंतित हैं, तो सुनिश्चित करें कि आपके पास एक हार्ड कॉपी के साथ-साथ एक डिजिटल बैकअप भी है। हार्ड कॉपी को अपने कार्यस्थल के बुलेटिन बोर्ड या बाथरूम के शीशे जैसी प्रमुख जगह पर पोस्ट करें।

एक मूलभूत नेटवर्क बनाना तीसरा चरण है।

ऐसे लोगों का होना जो आप पर विश्वास करते हैं और आपको प्रोत्साहित करते हैं, आपके जीवन की पुकार की खोज करते समय महत्वपूर्ण है।

प्रोत्साहन और मार्गदर्शन की एक ठोस नींव बनाने के लिए सलाहकारों, प्रशिक्षकों, प्रशिक्षकों और अन्य पेशेवरों के साथ सेना में शामिल हों, जिन्होंने तुलनात्मक सफलता हासिल की है। उन लोगों के साथ सेना में शामिल हों जो आपके उद्देश्य को साझा करते हैं।

अपना नेटवर्क बनाएं, बातचीत में शामिल हों, और अपने सहयोगियों से जितना संभव हो उतना ज्ञान ग्रहण करें।

विधि 4: इसे टेस्ट में लाना

आधिकारिक रणनीति पूरी होने के साथ, अब आप इसका परीक्षण कर सकते हैं। क्या आपको ऐसा लगता है कि आप अपने लघु और दीर्घकालिक दोनों उद्देश्यों की ओर प्रगति कर रहे हैं? आपको वास्तव में क्या परेशान कर रहा है? क्या आप मुझे बता सकते हैं कि क्या हो रहा है?

क्या आप पहले चरण के सभी प्रश्नों का उत्तर "हाँ" में देने में आत्मविश्वास महसूस करते हैं? यदि ऐसा नहीं होता है, तो आप अपने उद्देश्यों पर पुनर्विचार करना चाह सकते हैं। प्रश्न "क्या मैं इस बात पर ध्यान केंद्रित कर रहा हूं कि मुझे क्या करना चाहिए, या मैं क्या हासिल करना चाहता हूं?" इस मोड़ पर खुद से पूछना उपयोगी है।

आपकी ikigai को खोजने में तीन संभावित बाधाएँ हैं।

अपनी ikigai को ढूँढना मुश्किल हो सकता है, लेकिन पर्याप्त प्रयास से यह संभव है। ये कुछ संभावित बाधाएँ हैं जिन्हें आपको दूर करने की आवश्यकता होगी:

ikigai खोज के मार्ग में तीन संभावित बाधाएँ हैं।

1. पूरी तरह से अधिक काम किया जाना

जब कोई अपने जीवन की पुकार का पता लगाने का प्रयास कर रहा होता है तो सामना करने में असमर्थ होने की भावना आम होती है। जरूरत पड़ने पर आगे बढ़ना और मदद के लिए पहुंचना महत्वपूर्ण है।

चाहे कितना भी छोटा क्यों न हो, अपनी योजनाओं के साथ आगे बढ़ते रहें। रुको मत!

पर्याप्त समय न मिलना (2)

समय की लचीली प्रकृति एक सकारात्मक विशेषता है। आपको केवल रचनात्मक होने की आवश्यकता है कि आप इसे कैसे व्यवस्थित

और विस्तारित करते हैं।

उदाहरण के लिए, एक शौक के लिए समर्पित करने के लिए एक घंटे पहले उठना आवश्यक हो सकता है। इसके बजाय, आप अपने आवागमन के समय का उपयोग पॉडकास्ट सुनने के लिए कर सकते हैं जो आपको अपने पेशे में आगे बढ़ने में मदद करता है। अपने कैलेंडर में उद्घाटन खोजें और इसे काम करने के लिए चीजों को पुनर्गठित करें।

तीसरा, चिंता पर आधारित दृष्टिकोण रखना

हमारे दिमाग हमें सुरक्षित रखने के लिए तैयार हैं, फिर भी कभी-कभी वे वास्तविक खतरों की गलत व्याख्या करते हैं। किसी लक्ष्य की ओर गाड़ी चलाते समय यात्री की सीट पर भय पैदा करना सामान्य ज्ञान के विरुद्ध जाता है। लेकिन थोड़े से व्यायाम से आप जल्द ही पाएंगे कि आपने इसमें महारत हासिल कर

ली है।

www.ingramcontent.com/pod-product-compliance
Lightning Source LLC
LaVergne TN
LVHW092102060526
838201LV00047B/1537
9798889862659